OJOS COLOR SOL

ROOS

THE POETICS
PUBLISHING

The Poetics Publishing es un sello editorial de The Poetics GmbH, una empresa de software y edición con sede en Zug, Suiza.

Para pedidos contactar: roos@thepoetics.eu

ISBN 978-3-03971-139-0 Paperback
ISBN 978-3-03971-140-6 Hardback
ISBN 978-3-03971-141-3 eBook

The Poetics GmbH
Hasenbüelweg 34
6300 Zug – Suiza

Te quiero abrazar tanto,
hasta el punto en que tu aroma y la mía
sean una misma.

Quiero.

Quiero estar contigo,
no para pasar el rato,
tampoco para hacerte daño,
quiero estar contigo
para sumar.

Para crecer juntos
y cumplir nuestros sueños.
Acostarnos con las ojeras
en media cara, pero con
el corazón y la mirada latiente.

Quiero estar contigo,
para mostrarte que
por estos lados, si se ama
de verdad.

Quiero conocer
cada gramo de tu ser,
secar tus lagrimas cuando
por algún descuido llores.

Quiero aprender a estar a tu lado
y enseñarte que la vida
no es un frasco, que hay
mil tormentas y aventuras
esperando a que las busques.

Y en este preciso momento,
estoy gritando tu nombre.

¿Y como no enamorarme?
Si llevas el atardecer en cada gramo de tu ser.

Mujer inocente.

Te observaba sonriente,
con los dientes perlantes,
radiantes como tu cuerpo
al caer la noche.

Te observe nerviosa,
dudosa por sentir,
por creer en mi y en
este posible amor naciente.

Te observe curiosa,
desnudándome la boca
y secándome el alma.

Asi te observe,
justo como eres,
mujer inocente, sintiente,
sonriente como la espuma
en las mareas.

Asi eres, hermosa,
reflejo de luna
y hombro acompañante.

Que me pierdo si no estas conmigo,
que me pierdo sin tus latidos.

Ahí estábamos,
amándonos a morir,
queriendo decirnos todo.
Por suerte, nuestras miradas
nos delataban.

Plasmando.

Tengo tanto que plasmar.
iniciando por tu cara magistral,
diré que tu sonrisa me encanta,
mucho mejor cuando la mezclas
con tus ojos apenados;
como te brillan al inicio del ocaso
y como me miras cuando
beso tu mano.

Continuando por tu cabello,
dire que es hermoso velo,
verlo volar contra viento
es completo espectáculo.

Ahora, hablare sobre tus manos,
sentir tu tacto en mi brazo
me lleva a lo alto,
de madrazo.

Tengo tanto que plasmar,
así que iré con mis sentimientos…

Que me tienes loco,
que a cada segundo
quiero tomar tus manos,
besar tus labios y
beber de tu alma.

Te quiero, lo juro.
cuando estas al lado mio
los matices del cielo
vuelven a sus colores pastel.

Tu vista me lleva a ese preciso momento
donde las mariposas vuelven
a nacer, donde yo puedo creer,
siento que juntos, podemos crecer.

Creo que me enamore.

Creo que me enamore,
porque me fascina escucharte
hablar por horas,
cuando tu mejilla se pone roja,
cuando te pones nerviosa.

Me encanta la manera
en la que te expresas,
como caminas
y como te sientas.

Creo que en definitiva,
me enamore,
me fascina tu tacto, la forma
en la que tomas mi mano
y como se siente tu abrazo.

Me enamore
una semana de mayo,
cuando disfrutábamos el ocaso
y a mi cuerpo tenias temblando.

Creo que me enamore,
de tus ojos traviesos,
de tu risa con el viento
y de como tu mano
acaricia mi cabello.

Me enamore de la forma
en que me entregas el cielo.

Dije que iba a conquistar el mundo
y eso te incluía a ti.

Esperando la hora.

Aquí estoy,
con una cerveza en mi mano,
un cigarrillo al otro lado
y tu risa en mi corazón rasgado.

Esperando la hora
en que nos queramos
sin pensarlo, en tomarnos
de las manos y
me beses en los labios.

Que el atardecer es solo
el sol ocultándose cuando
no estas a mi lado,
los matices de los colores se escapan
por no estar acompañado,

Aquí estoy, en esta noche en vela,
deseando tu mano sobre
mi hombro, susurrándome
cualquier canción de cuna
para espantar temores futuros.

Esperándote cada madrugada,
pero aunque tu estes en tu cama,
mi vida, deberías sentirte acompañada.

No todas las estrellas se encuentran en el cielo,
algunas están aquí, sobre la Tierra,
en tu mirada, por ejemplo.

Drama queen.

Todo sucedió horas antes
del atardecer.
Con un par de tragos de tequila
y un cigarrillo consumiéndose en mi mano.

Me mirabas diferente,
distinto a otras ocasiones.
Estaba seguro que querías
que diera el siguiente paso,
ese gran salto.

Asi que lo hice, incliné mi cabeza
con dirección a tus labios
y tus ojos se cerraron,
me aceptaron.

Y en un parpadeo,
ya estaba sintiendo tu sabor,
tu pureza infinita. ¡POR DIOS!
Tu boca remojo la mia
y el sabor a cigarro desaparecio.

Me diste el primer beso
y me supo a eterno.
Sabia que era un sabor dulce,
algo asi como mucho tiempo.

En ese momento,
tomándote las manos,
olfateando tu cuerpo
y mirando tus ojos,
supe que la vida no me odiaba tanto.

Me enamoré de ti.

Me enamoré de ti
una tarde, días antes del verano,
del desvelo y de tus manos.

Me enamore
en una noche sin luna.
En esta ocasión, la luz
venia directa de ti.

Mi sentir estaba tranquilo,
llegaste a mis días
y trajiste tremendo huracán.

Me enamoré de ti
y de la forma en que
mueves los pies, la cintura
y la cabeza.

Me enamoré de ti
porque eres luna llena
y a mí me encanta la noche.

Entre tú, el cielo y el mar,
no se cual se merece más mi admiración.

Agotado.

La espera me agoto,
entonces, fui por ti.
Por tu alma y
sentimientos.

Tu cuerpo
se apodero de mi pensamiento,
lo metio en la prisión
de tu deseo.

Mi escritura se torno
por completo a ti.
a tus cejas y cabello,
a la forma en que me tomas
y me dices te quiero.

La espera me agoto,
asi que te ame, completa,
cada gramo y pisca de ti.

Fui por lo serio,
por tus mañas y tus celos,
por cada kilometro de
distancia entre
nuestros dedos.

La espera me agoto,
me dirigí a tus latidos
y a tu ombligo.
A tu esencia y suspiros.

La espera me agoto,
asi que te ame,
te bese y en tus
brazos me quede,
me ame.

De tu piel.

Ire por ti cuando
lo sienta oportuno.
Tu y yo nos juntaremos
y de lo que fuimos
no habrá rastro;
tu y yo, seremos uno.

Quizá sea en medio del mar,
o tal vez sobre tu cama.
Pero en definitiva,
será sobre tus ganas.

Te deleitare la vista
con mi forma de ver la vida,
te encontrare.

Nos amaremos
en cada forma posible
y en cuanto tu cuerpo se torne agua,
ahí me quedare.

Cuando de tu boca
salga un te amo,
sabre a donde pertenezco.

Te he buscado toda mi vida
y ahora que te encontré,
te enseñare el significado
de amor.

El dia que por fin te acaricie
lo sabre, aquello que
he sabido toda mi vida.
Que pertenezco a ti.

Inicio.

Así es como esto empieza,
sonríes frente a mí
y te inclinas para
llegar a mi corazón.

Me dices amor mío
y me arrancas los miedos,
me sostienes la cabeza
y me llevas a los cielos.

Así es como empieza,
con tus manos en mi hombro
y tus labios cerca de los míos.
Con tus ojos dilatados
y tu cabello alborotado.

Así inicia este latido,
con tu mirada y la mía
compartiendo un espacio en el tiempo,
perdurando en recuerdos
y queriéndonos en versos.

Así es como empieza,
con un poco de incongruencia
y mil demonios en nuestras cabezas.

Nosotros no iniciamos
como todo el mundo lo hace,
nosotros iniciamos destrozándonos
y amándonos en cada ocasión.

Nosotros ya sabíamos del amor,
pero el inicio común era demasiado simple,
entonces, nos enamoramos un tanto ilógico.
Rompiéndonos el corazón.

Intercambio.

Te cambio la noche
por la vida,
tu mirada, por la mía.

Te cambio el siempre juntos,
por mareas en la playa
y besos en tu sala.

Te cambio lo fugaz
por la inmortalidad.
Tus mañanas,
por mi futuro.

Te cambio la fiesta
por una copa de vino,
donde tu pongas tu vestido favorito
y yo mis manos para quitarlo.

En pocas palabras,
te ofrezco lo real.
En realidad no hace
falta un intercambio.

Tu mirada hace
que te deba la galaxia,
la luna y las estrellas;
Mi alma…

Y aquí estoy, queriéndote a montones.
Porque hay quienes aman la marea,
aunque un tsunami les haya roto
el alma en algún otro puerto.

Arte.

Tu cuerpo
es como arte echo para mí.
Tiene todas las especificaciones
que un día pedí
y le agregaron una bella
sonrisa de cortesía.

Tu cuerpo es como arte
de sobre encargo,
tiene los ojos para
hacerme temblar y
unas piernas que me hacen vibrar.

Tiene dos manos
que me encanta sujetar
y diez dedos
para mis lagrimas secar.

Tu alma es como
arte moderna,
me fascina y me
envuelve en sentimiento.

Tu alma se creó para
mi cuerpo,
tiene esas caricias
que me saca de mis cimientos
y esos tiernos labios
que estoy amando con el tiempo.

Y si te beso,
me darías un golpe?
o la vida?

Algo sobre tus ojos.

Algo de tus ojos me dice
todo lo que has sufrido,
los tragos amargos
y tropiezos del pasado.

Me dicen el alma que has donado
y el rechazo que te han entregado,
la forma inhumana
con la que te han pagado.

Algo sobre tus ojos,
me hace darme cuenta
la calidad de persona
que tengo enfrente.

Que por mas veces que
el mundo te a puesto en el suelo,
le fuiste fiel a tus ideales.

Por eso amo cada
lagrima que tus ojos han lanzado,
como con el paso de los días
tus ojos brillan con los mios y por
cada vez que no me necesitas,
pero quieres pasar el tiempo conmigo.

Me enamore de ella,
porque consigo llevaba una cara bonita
y del alma, ni te cuento.

Espero.

Yo espero un amor en plural,
que mi singularidad me guste,
pero que ame de tu compañía
y tú de la mía.

Espero crecer a tu lado,
que nos recostemos uno junto al otro
a la hora de dormir;
y a la salida del alba,
peleemos por discutir a quien
le toco hacer el desayuno.

Espero y la vida
se me deje improvisar tanto.

Que estoy dispuesto a cambiar cada
noche de locura
por un amanecer a tu lado.

Ojalá y en el libro de mi vida,
de hoy en adelante
aparezcas en cada capítulo.
Que tú y yo, seamos
nuestros personajes favoritos.

Si nos alcanza la vida,
te entrego la mía.

Sudor entre manos.

Las manos me temblaban,
el pecho retumbaba
y en de mi boca,
no salía nada.

Sabía que el silencio
era el mayor grito de amor
que podía ofrecerte.
el sudor en nuestras manos
hacía que nuestros pechos
estuviesen consientes.

La forma en que me mirabas,
como cantabas y me señalabas,
esa era toda la prueba de amor
que buscaba.

Todo era perfecto,
tu mi copiloto,
música ochentera
y tu mano en la mía.

¡Demonios!
Estoy seguro de que la luna
nos envidio esa noche,
porque su luz, no era
la mitad de intensa
que mi sonrisa.

Yo no quiero una vida ordinaria,
quiero una vida a tu lado.

Nos besámos.

Nos besámos sin descanso.
A todas horas, a la hora
de comida, a la metida del sol,
en la cocina.
Nos mirábamos con ganas,
así que sucedió.

Te besé con ovación
y te llevé a la habitación,
te apoderaste de mi corazón
y en ese momento
le abrí las puertas al amor.

Nos mordimos, nos besámos,
y también nos creímos…

Por unos cuantos
segundos de eternidad
tu cuerpo y el mío
eran uno mismo.

Tienes los únicos ojos
en todo el universo que
me descontrolan la vida.

Últimamente.

Últimamente he estado más feliz,
supongo que tienes
bastante que ver en eso.

Gracias por aparecer en mi vida,
descalza o en zapatillas,
haces luz de mi día.

Me haces volar en éxtasis
con los pies en la tierra.
Que me encantas entera,
desde la piel de tus ojeras,
hasta la forma en que
mueves la cabeza.

Últimamente he estado
bastante feliz y tu
mereces todo el crédito.

Desde que estas en mis días,
duermo mejor, la inspiración
se volvió en un estado
de ánimo y tus "te amo",
en mi vida entera.

Ella es así,
llena de arte, llena de vida,
llena de esa magia en sus ojos
cuando le digo amada mía.

Juegos a medias.

Nos sentamos a esperar que algún día
quizá alguien nos pueda dar
el lugar correcto,
a que se sienten a pensar un poco
en lo que tal vez la otra persona
está sintiendo con nuestras acciones.

Y así vivimos,
a la espera de un ojalá.

Enredados en una mente que
por más que seamos conscientes,
el corazón manda todo a la mierda y
nos entre ponemos con el dolor en cada latido
y no escuchamos una sola neurona
en el proceso de pensar.

El dolor es lo único que importa
en ese momento, o quizá
la inseguridad juega un rol importante;
o a lo mejor es nuestra intuición
la que nos ciega la mente.

Solo digo que las relaciones
deben darse su lugar correspondiente
desde el momento en que aceptamos
a la persona en nuestra vida.

Aquí es todo o nada,
los juegos a medias
no valen en esta vida.

¿Motivos?

No hay motivos
para dejarte ir.

Me sonríes a medialuna
y me llevas a tu llama,
la que inicia un incendio
en mi pecho y calma únicamente
con tus besos.

No hay motivos
para apartarme de ti,
al contrario, lo único bueno de mi
es que te tengo a mi lado.

Me haces querer
saborear cada trago amargo,
contigo me interesa
afrontar cada golpe de la vida.

No hay motivos
para partir.
Porque cuando te tengo aquí
dejo de ser cometa
y me convierto en sentimiento.

Hay días en los que me echo de menos,
te veo y me encuentro.

Cuando no estás conmigo.

Cuando no estamos juntos
la carretera no sabe igual,
en mi cabina suena mi música
y nada más.

Los kilómetros se vuelven millas
cuando no me acompaña tu sonrisa.

Cuando no estás conmigo
las películas dejan de importar,
no tienen tu mano a mi lado
y mucho menos, tus besos alocados.

Cuando no estás conmigo
el atardecer se escaza de luz,
los matices del cielo se marchan al ver
que no estas a mi costado
y me impiden ver el horizonte pintado.

Cuando no estás conmigo
el mar pierde su sal,
la espuma que tanto amo
se escapa a altamar
y la playa se seca al ver
que tu no estas.

Cuando no estás conmigo,
la vida sabe diferente,
en mis dedos faltan tus manos
y en mi risa, tus húmedos labios;
en los días, tus besos
y por las noches tu nombre.

Quiéreme.

Quiéreme,
cuando las noches pesen,
cuando mi alma fallece,
quiéreme a diario
y cuéntame todos tus días
como si fuese un diario.

Quiéreme cuando
las historias en mi cabeza
no conecten con la realidad,
cuando te quieras apartar.

Quiéreme incluso cuando
no sepas que hacer,
cuando quieras correr.

Quiéreme cuando
me quiebre en mil pedazos
y mis sueños
pretenda dejar.

Quiéreme cuando
la luna no este llena
y las olas del mar
me quieran llevar.

Amor,
la única estrella que
debe perdurar sobre mi pecho,
es tu mirada.

Hay cosas que no podemos decir por su nombre,
yo veo la luna y la llamo Liliana.
Porque eso es lo que eres, la luz de mi vida.

Hay personas.

Hay personas que
son más que personas,
son amor, euforia
y latidos desenfrenados.

Hay personas que
no saben de querer,
solo del amor, de esas
que pertenecen a la
sal del mar.

Hay personas
y luego estas tú,
que hace que eche
por la borda mi vida.

Que me incita
a desafiar las leyes de
la física, que
cuando te miro,
te quiero hacer volar.

Hay personas que
no son momentos, son eternidad;
espero y me dures
un poco más que el infinito.

A mi me encantan los atardeceres,
la brisa del mar y usted.

Quiero verla.

Después de verla,
quiero volver a verla.
Con su esencia que baila como vela,
con esa llama eterna.

Quiero suplicarle
que me ame hoy
y toda la eternidad posible,
que si no está, me hace débil.

Después de verla,
quiero volver a verla,
tomarle de las caderas
y danzar nuestros cuerpos
por toda la noche entera.

Una copa más y te follo sin pensar.

Compañía.

Es normal extrañar a alguien
cuando estás solo o triste en
tu habitación,
pero yo te extraño en todo momento;
cuando estoy en la mesa
con amigos ebrios,
cuando cantamos nuestras
canciones favoritas,
te extraño en las cenas compartidas,
entonces, sé que te amo;
porque te extraño en mis
momentos más felices, cuando
mi corazón está a punto
de estallar en alegría.

Entonces, sé que te amo.
Porque se lo mucho
que disfrutarías de ese lugar
y se lo mucho que yo disfrutaría
tu compañía.

Te amo porque se lo mucho
que disfrutaríamos de nuestras sonrisas.

El amor es cuando me ves directo a los ojos
y me arrebatas el alma.

Contigo.

Contigo me siento diferente,
me siento invencible e insaciable,
me siento capaz de comerme el mundo,
me siento eterno.

Solo basto ¼ parte
del sol ocultándose para
estar a tus pies,
un ligero roce de manos.

Basto una mirada
algo ebrio y una canción en la radio,
basto una sonrisa
con la mirada fija.

Contigo a mi lado de
copiloto, me siento feliz,
siento que el mundo cobra
algo de sentido
y que puedo vivir.

Me siento capaz de
cumplir mis sueños,
que cuando estas a mi lado,
no me siento fugaz,
me siento humano.

Si algún día tienes una duda
de lo que siento por ti.
reposa tu cabeza en mi pecho…
mi corazón te dará la respuesta.

Iris miel.

Me observas sublime,
sentada sobre esa colina,
pintada de cereza
y tu pupila floreciente.

Con los rayos del sol
te pintabas hermosa;
en ese instante
eras cada color:
rosa, tinto, azul, amarillo,
todo tornasol junto en uno.

Eras risa, alegría,
eras nubes rojas al atardecer.
Y ahí estaba yo,
un mortal a tu lado contemplando
el iris miel que el cielo te dio
a las 6:00pm.

Sentados en esa colina,
horas antes del anochecer,
supe que te quería conocer,
tus gustos, tus traumas, tu vida.

Observando tantos colores en tu piel,
supe que me enamoré.

Con tus dulces labios melodía
y tu inquieta vista que ilumina;
sabía que quería todos los colores.
Desde la cereza de tu rostro,
hasta la miel de tus ojos.

Cama.

Nos pasamos el día
entero sobre la cama,
hablamos sobre nuestro pasado
y como éramos cuando aún
éramos dos extraños.

Nos besamos a lo desgraciado,
pero al mismo tiempo,
nos tomábamos de las manos.

Nos abrazábamos
como hermanos y nos
decíamos por qué nos gustábamos.

Pasamos todo el día
riendo sobre la cama,
coqueteábamos como enamorados
y nos leíamos los labios.

Mientras pasábamos
todo el día sobre la cama,
mi mente no podía parar de preguntarse:
¿Cómo sería el resto de nuestras vidas?

Cariño, si estas a mi lado,
no importa lo mucho que hagamos,
la vida seria bella.

No eres el amor de mi vida,
yo estoy seguro que eres
el amor de mi infinidad.

Ella es.

Ella es todo lo correcto
en este mundo en aislamiento.
Ella es el mundo habitable
en el universo entero.

Ella es el relámpago
de la tormenta en plena oscuridad,
aparece para deslumbrar nuestras
vidas y apartarnos de la
tenue noche fría.

Así es ella, inigualable,
con ojos dispuestos a arrebatarte
el alma y abrazos gigantes
para calmar tus aguas.

Ella es el cielo estrellado
en el desierto,
se hace protagonista
y nos hace apreciar el cielo.

Ella es mi amor y mi vida,
la mujer más hermosa del planeta.

Ella es esa luna
con la que el sol quisiera
formar un eclipse.

Entre todos los lugares
preciosos del mundo,
tus brazos es mi favorito.

Mirando tus ojos.

Embriagados de dulzura,
sudor y amor.
Nos apostamos los cuerpos,
desde el folículo capilar,
hasta las uñas de los pies.

En el trato, también
incluí mi corazón y sabiduría,
tu incluiste tus besos
y tu alma herida.

Recostados,
uno sobre el otro,
entre besos apresurados
y los deslices de nuestras manos
jurándonos amor diario
y conversando sobre planes futuros.

En ese momento,
tomándote las manos,
olfateando tu cuerpo
y mirando tus ojos,
supe que la vida
no me odiaba tanto.

Que fácil se me hizo mirarte
y obsequiarte cada
arteria de mi corazón.

Razones.

Hay mil razones para amarte
y no sé porque me enfoco en la
única que me arranca el corazón
del pecho.

Quizás así es la cordura humana
y nos enfocamos en el error del otro.
Quizá eso que para mí es un error,
para ti es un motivo para latir tu pecho.

Perdón si quizás soy algo intenso,
pero mi cabeza no deja de girar
en las interminables nubes en el cielo
y de igual manera, mi pecho no deja
de acelerarse en sufrimiento.

Quizás no estemos listos para el amor,
pero dime, ¿Quién lo está?

Estoy aquí, con el alma desnuda,
intentando descifrar tu materia gris,
esperando que tu respuesta no sea un
"para mí no hay nada malo aquí"

Estoy en la deriva del amor
que siento por ti y el gran
abismo de tu indiferencia.

Ya he vivido mucho con la cabeza en el futuro
y el corazón en el pasado.

Tus brazos.

Corazón,
me quedaría toda la vida
en un abrazo tuyo.

En ese palpitar en tu lado izquierdo,
en esos ojos de desvelo,
en esa calma que yo siento.

Me quedaría toda la noche
aferrado a esos brazos
que me gritan que no te suelte,
que hay algo enserio.

Corazón, me quedaría
toda la vida esperando
tu invitación a pasar
juntos a la habitación.

A rasguñarnos,
a besarnos, a olernos, a amarnos.

Tengo la sospecha
que la inmortalidad
se sentiría efímera en tus brazos,
en tus juegos aniñados, en tus
muslos alocados.

Cariño, la única
vez en que siento que
la vida puede mejorar,
es en tus brazos.

Auto.

Recuerdo y jugueteabas con tu pelo,
me mirabas discretamente
y entre la soledad
y sobriedad de la noche,
me besaste dentro el coche.

La ciudad nos sonreía,
su luz se infiltraba entre
la cabina y nos deslumbraba la cara
en medida en que nuestras
manos sudaban y los pechos
se aceleraban.

Como siempre,
me mirabas radiante
y por unos cuantos segundos,
descubrí de lo que trata la vida;
que tu mirada, encaja con la mía.

Siempre he sido de la noche y la luna,
de la melancolía y lo que hace temblar al corazón.
por eso siento un tanto irónico
que me venga a enamorar de ti,
la persona con más luz que conozco.

Dolor.

Yo quiero sentir amor,
y si el amor en verdad duele,
entonces que me duela,
que me arda y me flagele lentamente.

Si el amor, enserio duele,
que venga y me lo diga de frente;
que te traiga en los brazos
y me beses la frente.

Porque si el amor duele,
vales cada morete,
cada caída después de los veinte
y cada golpe por valiente.

Mis días favoritos,
son los que veo pasar
en el reflejo de tus ojos.

Te mentí.

Perdón, esas noches te mentí,
no me fui a dormir,
jamás lo hice.

Esas noches,
me fui a pensar en ti,
a hacerte sentimientos letras,
poesía, por ahí le llaman.

Me acosté a pensar
cómo puedo ser mejor para ti,
para que la relación crezca
y florezca.

No me fui a dormir,
esa noche, te la dediqué
completa a ti.

Corrí a buscarte estrellas
y que crees?

Te encontré en cada una de ellas.
Y por la mañana, ni el mismo sol
me iluminaba como tu recuerdo
lo hacia la noche pasada.

Contigo no me brillan los ojos,
me brilla la vida.

Nunca creí.

Nunca pensé
que te fuese a querer tanto,
que las mariposas volaran muy alto
y mucho menos que
tus besos estarían a diario.

Nunca pensé que llegarías
a significar lo que hoy
significas para mí,
mi vida.

Jamás podría imaginar
lo que el tacto de tu cuerpo
ocasionaría en mi cuello,
tampoco lo que tus te quiero
ocasionarían en mis sentimientos.

Nunca pensé
que te fuese a querer tanto,
que con solo sujetar tu mano
me llevaría al infinito más lejano,
que al acobijarme entre tus brazos
encontraría a mi ser amado.

Jamás lo pensé,
mucho menos lo creí.
sin embargo, aquí me tienes,
como un niño pequeño
recostándose en los brazos de su madre.
Enamorado.

Estaciones.

Nos amare por los dos,
en cada descuido
y estación;
para ti estaré.

Estaré en el otoño,
cuando los árboles arrojen
las hojas y no sepas
a donde perteneces.

Estaré en el invierno,
cuando las noches
se vuelven frías y ocupes
de mis brazos para acobijarte.

Estaré en primavera,
cuando las flores florezcan
y necesites quien te obsequie
alguna de ellas.

Estaré en el verano,
ahí, a tu lado,
cuando tu alma
te dicte ver las olas del mar.

Pero, sobre todo,
estaré en tu vida,
para proteger tu esencia
de cualquier mal en tierra.
para hacerte ver el planeta
desde el exterior.
para navegar el universo del amor.

La forma en que te siento.

Me enamore de la forma
en que sonríes al final de un beso,
de cómo me apapachas
y siento que me muero.

De la forma en que
tomas de mis manos y
me susurras un "te amo."

Me enamore,
cuando estas y cuando no,
porque incluso cuando no estamos juntos
te siento al lado mío.

Me enamore de todo tu cuerpo,
de tu travieso chino en el pelo
y de las marcas en tu brazo
cuando te muerdo.

Me enamore de tu rojo rostro,
de tus bostezos y de cada
sutil sonrisa que me muestras
en el jugueteo.

Me enamore de tu presencia,
que cuando estás aquí,
opacas el cielo.

Y de pronto, todo empezó a tratar de ti,
la música, las risas,
la orilla del mar, la poesía…
Incluso mis latidos se alteraron por ti.

Me enseñó.

Ella me enseño
lo que es el amor
sin siquiera tocarme.

Me enseño
que se puede conversar
con las estrellas, a estar
al lado de una de ellas
y no opacarme.

A volar por los cielos
y como el ser humano
puede perderse
en unos ojos bellos.

Ella me enseñó
a entrelazar llamas, almas;
a recostarme sobre la cama
y a jugar con miradas.

Ella me enseño
que el tiempo si es relativo,
a escribir poesía
y a jugarme la vida.

Su mamá le dice "solecito"
y a mí me fascinan los atardeceres.

Mamá.

Mamá, gracias.
Por cuidarme y amarme,
por tus abrazos incondicionales
y tu forma de confortar.

Gracias por el hoy,
por el pasado y el futuro,
que no tengo la mínima
duda que será genial con
tu peculiar forma de amar.

Gracias por regañar
cuando me desoriento,
por estar cuando me quedo sin aliento
y por las cenas que
endulzan mi paladar.

Mamá, gracias.
Por ser la primer
persona que logre amar.

Y aunque no logre
comprender muchas cosas,
te amo con la misma fuerza
de algunas olas del mar.

Mamá. Tu niño está creciendo,
se está comiendo el mundo
y cumpliendo su sueño.
Gracias por estar.

Solía decir que era feliz con poco,
pero eso es una gran mentira,
no soy feliz con poco, soy feliz contigo;
y, a decir verdad, eso es muchísimo.

En las olas.

El faro dibujo en el mar,
ilumino la marea
y en ella, encontré un brillo,
tu sonrisa.

El viento soplo
más fuerte que de costumbre
y en tu abrazo,
encontré lo que tanto buscaba,
tranquilidad.

Me dispuse a remar
y en ese momento,
perdido en altamar,
sabia a que puerto
quería llegar.

Las olas se ensalvejieron,
entonces busqué una pizca
de fe en tus caderas,
la encontré.

Cuando por fin tocamos tierra,
el mar ya no me parecía
tan hermoso, las olas
quebrando en la orilla,
parecían poca cosa.

Pero claro que iban a pasar desapercibidas
¿Quién se puede enamorar de la playa,
después de probar tu agua?

En tanta marea,
me consumiste como loco.
Entonces, mi vida,
te pregunto:
¿Por qué no estamos juntos?

Poco tiempo.

Yo no puedo creer
que en poco tiempo
me enamore alocadamente
de la curva de tus dulces labios
cuando sonríes.

Que en tan solo unos meses
mi alma abandone este cuerpo
y se vaya en busca de un
infinito junto al tuyo.

Que mis ojos añoren
ver los tuyos con deslumbro
y que mis oídos exijan un te amo
de tu boca.

Es que es verdad,
en poco tiempo te llegue a amar,
pero te juro que lo que mi pecho
siente, es eternidad.

Te juro que cada paso que doy en esta vida
esta pensado en acercarme un poco más a ti.

Lugares románticos.

Hay lugares
que me recuerdan a ti.

Esta el océano,
que con su brisa salvaje
me recuerda a las
aguas de tu cuerpo.

La cima del cerro,
que trae a mi mente
todos los cielos prominentes
que pasamos conversando
sobre nuestros sueños.

Esta el asiento de mi carro,
que te recuerdo cantando,
justo a mi lado, en forma
de pésimo copiloto, pero excelente
acompañante.

Y esta el cielo estrellado,
que voy a cuando estoy a tu lado
y el mundo entero parece
una minúscula mota de polvo.

Pero entre todos los cielos rojos,
mi lugar favorito es en tus brazos.
Cuando me dices te amo
y el mundo entero deja
de ser tan extraño.

Hay sonidos que amo con todo el latir de mi pecho.
La lluvia, las olas rompiendo en la orilla
y tus "te amo" susurrados en mi oído.

Universo alterno.

En un universo alterno
donde tú y yo no nos conocimos,
mi cuerpo se volvió whisky
y mi alma cenizas.

En ese mundo,
las estrellas jamás
se acercaron a mis manos,
jamás roce el sabor de universo.

En ese lugar lejano y alterno,
jamás hicimos el amor
y mucho menos compartimos
de complementar nuestros sueños.

Jamás nos dimos ese beso
y mucho menos nos dijimos
te amo con temor a
no ser sentidos.

En un universo alterno
donde no nos conocimos,
mi mundo se hundió a lo profundo
y mi corazón se dedicó a
embriagar cada domingo.

Pero en este universo,
diferente a ese universo alterno,
nos conocimos.
nos concedimos los caprichos
y nos mimamos como niños.

En este universo,
si podemos ser uno mismo,
si podemos concedernos los deseos
y juguetear bajo la lluvia.

Cariño, en este universo
y en todos los universos distintos
a ese universo alterno,
te amo sin medida.

Entre manos.

Ella me toma de la mano
y me pierdo en un abismo de ilusión.

Ella me da su mano
y no hace falta más,
porque sé que de esa palma
va el mundo entero y un poco más.

Entre mis dedos y sus dedos
existe una galaxia,
la llamare amor,
porque es donde me quiero quedar.

Ella me da su mano
y yo le doy la mía
y en ese preciso momento,
le entrego la vida.

Desde que admiro tu belleza,
las mareas en la playa
me parecen poca cosa.

Tenerte.

Tenerte es como una marea en calma,
te relaja el alma
y te aclimata los latidos del pecho.
Te alimenta el esternón.

Tenerte,
es como el viento,
que te siento
aunque no siempre te veo.

Tenerte es como
un abrazo,
que lo amo en
cada espacio.

Tengo la sospecha,
que tenerte
se siente como el cielo,
que cuando estas a mi lado,
me siento eterno.

Me gusta cuando me miras directo a los ojos
y ligeramente sonríes.
Me haces sentir que todo estará bien
y que solo necesito eso;
tu alma mirándome.

Un minuto más.

Quédate un poco más,
que me hace daño
cuando no estas.

Quédate un poco,
tan solo un minuto.
Justo así, observando
mi vista y acariciando mi rostro.

No será mucho tiempo,
solo bésame los labios
y susúrrame al oído.
Te lo pido,
no será mucho tiempo,
tan solo un infinito más…

Te encontré hecha a la medida,
a lo ancho de mi alma
y a la altura de mi mente.

Fuimos mutuos.

Te mostraste libre
ante mis ojos,
eso me enamoro.

Apareciste con tus palabras dominantes
y tus ojos rasgados.
Supongo que el alcohol
jugo su parte.

Con la playa de frente
y tu aura al lado mío,
con tu mano sujetando la mía,
ya no me dio miedo la vida.

De pronto, me encontré
jugueteando con tus dedos
en mis manos y todo
estaba en calma.

Nos acurrucamos infinito
en la cama de la habitación,
me abriste el corazón y
me besaste con devoción.

Esa noche fuiste mía
y yo fui tuyo
sin necesidad
de desnudarnos.

Me moviste tanto el piso
que ya no sé dónde estoy parado,
sí en el cielo o en tus brazos.

Me miraste.

Me miraste,
con esos ojos que
se enchinan con el sol.
Con esa alma que
me toca el corazón,
con esos labios que
me dan inspiración.

Me miraste,
sin tocarme, pero
me moviste el interior,
tal como las hojas de algún álamo
cuando el viento las invade.

Así fue como supe
que en mi pecho ya tenías casa,
no de esas de cartón,
es de sentimientos,
de esas capaces de
asombrar cualquier canción.

Me dieron ganas
de dedicarte una canción,
pero no cualquiera, sino
de esas que pasan a la historia.

Me miraste
y en ese momento lo supe,
mi musa había llegado
a iluminarme de luz.

Mientras mi corazón continue latiendo,
planeo seguir enamorándome de ti.

Honesto contigo.

Voy a ser honesto contigo.
Cada que me llega
un mensaje tuyo,
me siento distinto.

Es como si Dios me enviara
un cachito de cielo,
me lo diera en las manos
y me dijera que es solo para mí.

Porque cuando llega ese mensaje,
me cambia la vida,
alegra mi día y
me hace sentir especial.

Te quiero aquí,
aunque no te despidas
a la hora de dormir.

Voy a ser honesto contigo,
quiero verte crecer y estar
a tu lado ese glorioso día
cuando por fin roces tu sueño.

Quiero ser
tus buenos días y mañanas;
tus emociones y tus dramas,
tus memorias y tus ganas.

Eres la persona que menos esperaba,
pero que más necesitaba.

Entrelazados.

Quiero despojarte las
prendas una a una, delicado.
Besar cada espacio y
rincón de tu cuerpo.
Así cuando estemos separados
me podrás sentir sin la
necesidad de tocarte.

Quiero lamer tus labios,
tu cuello y fetiches.
Quiero mostrarte el
latido desenfrenado
que produces en mí.

Acariciarte la cintura,
el pecho y cada lugar
que te haga sentir especial.

Tomarte de las manos
y morderte los labios.
Tocar tu nariz y que
digas lo que sientes por mi.

Quiero darte un contrato
de mi cuerpo,
donde el contacto exista
sin pensar.

Quiero desnudarme
el alma y el cuerpo
únicamente para ti.

Día a día.

Me estaba consumiendo,
tal como la lumbre
a un cigarrillo por la noche.

Mi mente me estaba matando,
el sufrimiento se estaba quedando
y los recuerdos del pasado
me estaban devorando.

Tenía que tomar las riendas de mi vida
y moldearlas a mi antojo,
así que lo hice.

Me apodere de
mis ganas, de mis sueños
y mi destino.

Sali de ese abismo
y por unos segundos,
me apodere de mi camino.

Ahora soy dueño de
mi cuerpo, día a día
me estoy comiendo
un poco más al mundo.

Logre lo que en mis 17
observaba en mis sueños
y 5 años después, aquí estoy,
convertido en leyenda.

Llegaste tu
y me hiciste sentir como
un atardecer en la playa.

La noche.

Me gusta esperar la noche,
porque es la hora
en que nos amamos,
entrelazamos.

Me encanta,
porque conecta nuestras almas
y los cuerpos se dilatan,
porque gritamos amor
hacia la galaxia.

Me gusta cuando
llega la noche,
porque hablamos sobre
nuestro día y nos
apapachamos entre cobijas.

Me fascinas,
porque vemos nuestra
película favorita
compartiendo palomitas.

Me gusta cuando
oscurece por la noche,
porque te vuelves sincera,
te desnudas el habla
y solo somos la luna,
tu alma desnuda
y mi sonrisa enamorada.

Que sería de la luna
sin la persona en la que pensamos
cuando la vemos.

Amar.

Amar es cuando me ves
y me invade el miedo.
Es cuando estamos solos
y siento cosas que antes no sentía.

Amar es cuando
observo el atardecer en la orilla
de alguna playa y no
sales de mi vista.

Amar es pensarte a la hora de dormir
y se va cualquier pesadilla.

Amar es eso,
amar, eres tú.

Pasa que te miro
y observo como el mundo se compone
cuando tu mirada encaja con la mía.

¿Destino?

Me rozabas la vista,
tu piel estaba rojiza
y tu vista, bonita.

No sé qué hice
para tenerte conmigo,
me gusta pensar que
estaba escrito en el destino.

Pero para serte sincero,
me suena ridículo.
Tú y yo no estábamos
escritos, nos escribimos.

Creo que esto
lo iniciaste tú, empezando
por un incendio en mi corazón
y terminando en mi pantalón.

No creo que sea cosa del destino;
el destino es un pendejo
que no sabe del amor.

Esto lo iniciamos nosotros
en el momento que
vimos en la misma dirección.

Nosotros dimos vida a este motor,
lo pusimos en marcha
y espero nos dure toda la vida.

Yo no sabía arriesgar,
entraste en mis brazos
y me encanto apostar.

Liliana,
desde que llegaste,
los buenos días
abundan en mi vida.

El perfume de tu cuerpo.

Dejaste el perfume
de tu cuerpo impregnado
en mi olfato.

Se coló en algún ducto
y se estancó en mi alma.
Cuando escribo sobre ti,
tu aroma viene a mí.

La brisa de tu piel
me recuerda a las estrellas,
presiento que si pudiese
acercarme a alguna de ellas,
olería a ti.

Tu eres el sol
y yo la luna,
juntos, somos eclipse lunar.

Hogar es cuando tu cuerpo
y el mío, forman uno mismo.

Donando vidas.

Me disté mucho de ti
y te di mucho de mi.

Por esa razón, quiero
ver pasar el tiempo frente a tus ojos,
apreciar como tu cabello
se torna poco a poco en canas blancas
y como al sujetar tus manos,
de un dia a otro,
se encuentran algo arrugadas.

Quiero ver como tus sueños
se hacen realidad en un
din fin de intentos y quiero ver como
tus ojos se ven cansados
por las noches.

Quiero encontrar el cielo
en tus palabras, que me digas
"mi amor, lo logre"
mientras una lagrima cae lentamente
por tu mejilla.

Quiero saborear el tiempo contigo,
compartir tus cumpleaños
y hundirte la cara en el pastel
unos cuantos años.

Mi vida, te juro que
si estas a mi lado,
el envejecer sería un milagro.

¿Cómo no amarte?

Cariño,
como no amarte?
sí le das
sabor a mis días.

Si cuando te sostengo
entre mis brazos,
soy yo el que
se siente protegido.

¿Como no amarte?
sí en tu cadera encuentro
la marea de mi vida.
Esa que navega y me hace
conocer distintos puertos.

Vales cada día la pena,
porque cuando estoy contigo
y sostienes mi mano y luego
me miras con esos ojos rasgados,
sé a dónde pertenezco.

Hay algo aquí, en mi latido,
un extraño estruendo que me hace
quererte besar, algo que me apasiona
por volverte a mirar, a apreciar.

Algo que me incomoda el cuerpo
y eleva mi alma, algo que siempre
me hace querer que no seas
una extraña.

Hombre con suerte.

Hay que tener una suerte formidable
para encontrarse con una estrella
caminando por las calles
de la tierra.

Pero más suerte,
es que esa estrella sea fugaz,
de esas de las más bellas
y haya decidido
hacerse un espacio en la eternidad.

Por eso te digo que
me has hecho un hombre con suerte,
porque encontré el amor
en estos días de interés sexual y económicos.

Me hiciste sentir
que el corazón tiene
un sentido para latir.

Hombre con suerte.
Ese soy yo desde el día
en que entraste en mi vida,
cuando dejaste que un beso
me desbordara en libertad.

Alguien un día me dijo
"haz de este mundo, tuyo"
y te hago mi novia.

Desconozco.

No sé qué hice mal,
no sé cuál es el motivo
que te orillo a no querer
tenerme cerca de tus días.

No sé porque no me quieres
cerca de tus amigos,
no se si te avergüenzas de mi
o simplemente no me quieres
acercar a las personas que te importan.

Desconozco la razón
de tus mentiras en las salidas,
en el motivo de ignorar mis mensajes
cuando vas en busca de una luna diferente.

No sé porque me apartas de esta
manera de tu vida
y luego finges que todo es correcto.

No sé, no sé, no se…
Solo espero que algún día puedas
sentarte en alguna avenida conmigo
y me digas las razones por las
que no soportas que mi vida y
la tuya se crucen y se vuelvan una.

La gente le teme a la soledad.
sí tan solo supieran la cantidad
de personas que nos hemos
encontrado ahí.

El mejor momento.

Me siento en el mejor
momento de mi vida,
siento los días como si fuesen
una película y que no importa
lo que pase, estallare de alegría.

Me siento afortunado
de todo a mi alrededor.
Del trabajo que tengo,
la libertad que me brinda
y la forma en que me dijo
que los sueños si se cumplen.

Afortunado de todo,
de la familia, de cómo
me apoyan día a día,
la forma en que me aman
y brindan compasión.

Estoy en el mejor
momento de mi vida.

Tengo una pareja sensacional,
esta compartiendo el mejor momento
de mi vida conmigo y sabe
exactamente cuando hay que amar.

Me siento en el mejor momento de
mi vida, por eso le escribo al universo,
para agradecerle los años atreves de ella.
Oh, que vida…

Me tienes mal.

Corazón,
me sonríes frente al mar
y te empiezo a amar,
me incitas a pecar
y me tienes mal.

Que tu tacto me hace pensar
en que la vida entera
contigo la quiero pasar.

Que me gustas,
que me encantas,
que me fascina
tu mirada fugaz.

Que me tomas sutil,
que me tienes mal,
que cuando estamos juntos,
no hace falta más.

Me pidió descontrol en su vida,
entonces, la besé.

Orilla de mar.

Observando la marea,
mientras la luna
la pintaba de colores y
el cielo nos decía: buenas noches.

Sentados, justo frente
a la orilla del mar,
con la brisa de sal
recorriendo nuestros cuerpos.

Justo ahí,
ahí nació este palpito en mí.
Temblando, pero te bese,
me ahogue en tanta agua dulce.

Naufrague tantos días
en busca de tu amor.

Un día me preguntaste que me estaba pasando;
y hoy tengo la respuesta:
te estoy amando.

Propósito.

Yo nací para amarte,
para llenarte de la vida y placeres.
Para mimarte por las noches
y sobarte el vientre.

Mi propósito en el mundo
es hacerte reír,
acariciar tu cabello
y besar tus labios.

Yo nací para amarte,
para que descubras
que el amor real existe en el mundo,
para que no aceptes
un corazón a medias.

Cariño,
yo nací para amarte,
para sabotearnos la vida
y terminar enredados
entre las cobijas.

Es que no hay otra forma
de describirlo;
lo que usted y yo hacemos
en la cama, es arte.

A veces siento.

A veces siento
que te abrazo por primera vez,
sentir tu loca piel reposando
en mis brazos.

A veces siento
que puedo creer en
tu dulce mirada, esa que
navega en el viento con
dirección a mi pupila.

A veces, lo siento así,
tal como nuestro primer abrazo,
efímero y eterno,
todo al mismo tiempo.

Es que observando
tu piel rojiza, me entere
que no quiero
más compañeras de cama,
solo una compañera de vida.

¿Qué le parece si la invito a ver el atardecer?
Usted ponga la risa y yo pongo la vida entera.

Deseos de ti.

Me hace soñar despierto.
Me haces querer despertar
a tu lado cada mañana.

Me encuentro en tu cuerpo,
en tu alma y en cada
pensamiento fugaz
en el que estás presente.

Me haces querer tener ganas
de algún día mirarme viejo
frente al espejo
y compartir anillos.

Me envuelves en deseo,
en hormonas que
me secan el pensamiento.

Me haces desear
que mis manos se enreden
en tu loco cabello.

En pasar juntos
altibajos y luchar por
permanecer en este sentimiento.

Me haces soñar con el sol,
que luce perfecto cuando
mis manos te tienen alrededor.

Eres el sueño que más soñé
y que, por algún motivo, si se cumplió.

En la noche.

En la tenue noche plena,
me encontré navegando,
por mi lado izquierdo estaba
el recuerdo de algún loco beso
y justo sobre mi hombro derecho,
el infinito miedo de que algún dia
mis recurrentes celos te apartaran
de mi vista.

La noche llamo a ciertas
horas de la madrugada,
y entre ellas y yo,
compartimos varias veces la cama,
tuvimos unos cuantos hijos,
a mí me gusta llamarlos insomnios.

Es que el miedo
de que algún día te apartes de mí,
es irracional, hasta yo lo sé,
lo siento aquí en mi piel.
¿pero cómo explicarle al pecho,
que la cabeza tiende a pensar?

Sin embargo, no me daría pena
si paso la vida entera
compartiendo ese miedo tonto
entre mi pecho y mi cabeza.
Siempre y cuando,
cada noche de visita,
corras a mis brazos.

Ambos.

Ambos nos sentíamos amados,
resulta que de un día a otro
el mundo entero giraba
solo para nosotros.

El tiempo se fue volando,
un par de meses
se hicieron minutos
en cuestión de segundos.
Entonces, supimos que
el tiempo cuando
estamos juntos es minúsculo.

Ambos nos abrazamos
y posteriormente nos besamos,
nos miramos fijamente
y en un momento,
conectamos alma y mente.

Es que es así de sencillo,
el tiempo se hace escaso
cuando me tienes
en tus brazos.

Mis ojos están enamorados del atardecer
cuando es reflejado por tus ojos.

Perdón.

Perdón si en ocasiones no te digo
"te amo" lo suficiente,
si mi lenguaje del amor
no es en el que te gustaría
que me comunique.

Perdón si a veces
te saco de quicio,
lo que pasa es que contigo
puedo ser yo mismo.

Perdón si no te abrazo lo suficiente,
lo que pasa es que mi pecho
se confunde con tanto beso
y no encuentra el momento
para abrirte paso con mis brazos.

Perdón si en ocasiones
piensas que no te quiero,
lo que pasa es que no quiero
que sientas eso, porque no te quiero,
te amo.

Te amo tal cual la noche a las estrellas,
eres ese punto de mi vida
que entrega luz,
eres cada lagrima en desorden,
me purificas.

Te dije que te amo mucho,
y eso es mentira,
porque ni amarte mucho es demasiado.

Lo que somos.

Amo lo que somos
y lo que estamos creando
con el paso de los días.

Amo la salida del sol
cada amanecer,
porque sé que tus buenos días
traerán mi alegría.

Amo lo que somos,
los besos de saludo
y los abrazos de despedida.

Amo como sonríes
sutilmente al decirte te amo
y amo cuando dices
que me quieres a tu lado.

Amo en lo que nos estamos convirtiendo,
amo cada beso y cada paso
que estamos dando hacia el futuro.
Los tropiezos y cada vez
que me dices te quiero.

Amo cada experiencia que
eternizamos en nuestro recuerdo.

Te amo como he amado a
pocas personas en mi vida,
por eso estaré aquí,
cuando la lluvia se haga tormenta
y no tengas a donde huir,
corre hacia mis brazos, estoy para ti.

Cuando estamos juntos.

Cuando estamos juntos,
el invierno no es suficiente;
los glaciales se derriten
con tu piel candela
y 10 grados bajo cero
se sienten como el desierto.

Cuando estamos juntos
el tiempo hace de todo,
menos pasar lento.
Las manecillas del reloj
se apresuran para atraer
la noche y separarnos
por un momento.

Cuando estamos juntos
me siento infinito.
Me siento distancia
entre galaxia y galaxia,
eterno.

Cuando estamos juntos
y tu mirada me mira
y giras tu cabeza para
fingir que no lo hacías,
de eso se trata la vida.

De estar juntos,
de ser valientes,
de abrazar corazones
y sentir almas.

Cuando estamos juntos,
me siento entero;
es como si el cielo
me viera y me dijera:
Te tengo un obsequio.

Infinito.

Aquí, debajo
este techo de estrellas
y nubes infinitas.

Aquí, sobre la tierra
y de emociones.

Aquí no necesitamos
subir la cabeza en
busca de algún cielo.

Porque cuando nuestros
ojos se buscan y
entrelazan miradas,
navegamos el infinito
más bonito.

Contigo me siento seguro,
bueno, en realidad,
me siento completo.

Estar contigo.

Quiero estar contigo,
pero no sencillamente
para estar con alguien.

Yo quiero estar contigo
para compartir el desayuno,
los besos a escondidas
y el sol ocultándose.

Quiero estar contigo,
no para utilizarte,
yo quiero beberme tus complejos
y despojarte traumas.

Quiero ver mil películas
y los domingos por la tarde
encontrarnos en algún parque,
compartir un helado y ver
las estrellas contigo a mi lado.

Quiero conocer cada
milímetro de tu piel,
hacerte reír cuando
no te sientas bien.

Quiero hacerte sentir
lo que provoca mi
loco corazón enamorado.

Estaba buscando mi lugar en el mundo
y lo fui a encontrar en tus brazos.

Si mañana no estoy.

Si mañana no estoy,
solo hay algo que decir:
Fuiste un pilar valioso en mi vida,
me enseñaste lo que se siente
dar amor y recibir en cantidades
similares.

Fuiste las ganas mas bonitas
de ver el atardecer en la orilla del mar.

No importaba cuantas veces
mi mente no podía más,
sabía que el día siguiente tenia
que levantarme para
verte una vez más.

Fuiste las ganas de vivir
que tantas veces busque
y ahora que te encontré,
quiero que sepas lo que te ame.

Si mañana no estoy,
quiero que sepas
que estoy agradecido
por tus besos en mis manos.

Amor:
El amor es cuando me ves directo a los ojos
y me arrebatas el alma.

Por esto sé que te amo.

¿Por qué sé que te amo?
porque haces que los atardeceres
sean un poco mas largos,
que las nubes rojas se dispersen
con más calma.

Te amo por lo que vales,
por tus inusuales cambios de planes
y todo el pasado que te rodea,
te amo porque eres tú y eso,
es un chingo.

Se que te amo porque
cuando te veo a los ojos,
siento que aprecio algo
que aún no he vivido.
Porque desde que estas en mi vida,
los días son cortos
y los sueños hermosos.

Se que te amo porque
desde que estas en mi vida
ya no quiero entender el amor,
quiero sentirlo.

Hay personas
que son lugares favoritos
y luego estas tu,
que eternidad.

De pronto, eras tu.

Me di cuenta de que eras la indicada,
porque cada noche, cuando la luna
alumbra la abundante noche oscura,
quiero dedicártela.

Porque eres la única persona
con la que quiero bailar,
eres la única persona con la que
quiero escuchar mi canción favorita.

De pronto, un día, te ame,
se contagió por todo mi cuerpo;
inicio en tu mirada y termino
dentro mis huesos.

Me di cuenta una mañana
que, al ver la luz del alba,
en cada rayo de esperanza,
estabas tu.

De pronto, eras tu y era yo;
sentados con la marea subiendo
y el sol ocultándose, y entonces,
en cada atardecer, estabas tu.

Tu no vales la pena,
vales la vida.

Otros libros de Roos

Latidos que no dije

El siempre juntos, ya no importa

Escanee el código para descubrir más de Roos:

Otros libros de

THE POETICS PUBLISHING

Lo que nos queda

Shreya Maurya

Corazón de laberinto

Naiad

El inicio está cerca

Evenfall

Made in United States
Troutdale, OR
02/17/2024

17772022R00090